SUDOKU Kids

Name: Date:

Donkey Kong

8	8	8	8	8	9	9	9	9	8	8	8	8	8	8	8	8	8	8
8	8	8	8	9	7	6	6	7	9	9	8	8	8	8	8	8	8	8
8	8	8	8	9	6	7	6	6	6	7	9	8	8	8	8	8	8	8
8	8	8	8	8	9	9	6	6	6	7	7	9	8	8	8	8	8	8
8	8	8	8	8	9	7	6	6	6	7	7	7	9	8	8	8	8	8
8	8	8	8	9	6	6	6	6	7	7	7	7	9	9	8	8	8	8
8	8	8	9	5	6	6	5	5	6	6	7	7	7	9	9	8	8	8
8	8	9	6	5	5	5	5	6	6	7	7	7	9	9	9	9	9	8
8	9	9	7	7	7	6	7	7	7	7	7	7	7	7	9	6	9	9
8	9	7	9		9	7		9	7	6	7	7	7	9	6	7	7	7
8	9	9	5	5	5	5	5	5	7	5	5	7	7	9	7	7	7	7
8	8	9	5	6	5	6	5	5	5	5	5	5	7	9	7	7	7	7
8	9	5	5	5	5	5	5	5	5	5	5	5	9	9	6	7	7	7
8	9	5	5	5	5	5	5	5	5	6	5	5	9	9	6	7	7	7
9	5	5	5	5	5	5	5	6	6	5	5	9	9	6	7	7	7	7
9	6	6	6	6	6	6	6	5	5	5	5	9	9	6	7	7	7	7
8	9	5	5	5	5	5	5	5	5	5	9	9	6	7	7	7	7	7
8	8	9	9	5	5	5	5	5	9	9	9	9	6	7	7	7	7	9
8	8	8	9	9	9	9	9	9	4	4	9	9	6	7	7	7	7	9
8	8	8	9	7	7	7	9	9	4	4	9	9	6	7	7	7	7	7

Key:

4	Red
5	Tan
6	Light Brown
7	Brown
8	Blue
9	Black

*Blank squares are white

Name: Date:

Super Mario

5	5	5	5	5	4	4	4	4	5	5	5	5	5	5	5	5	5	5
5	5	5	4	4	2		2		4	5	5	5	5	5	5	5	5	5
5	5	4	2	2	2	2		2	4	5	5	5	5	5	5	5	5	5
5	4	2	2	2	2	4	4	4	4	4	4	5	5	5	5	5	5	5
4	2	2	2	4	4	4	4	4	4	4	4	4	5	5	5	5	5	5
4	2	4	4	3	3	3	3	3	3	4	4	5	5	5	5	5	5	5
4	4	4	3	3	3	4	3	4	3	4	5	5	5	5	5	5	5	5
3	4	4	3	3	3	4	3	4	3	4	5	5	5	5	5	5	5	5
3	4	4	4	3	3	3	3	3	3	3	4	5	5	5	5	5	5	5
3	3	4	3	3	4	3	3	3	3	3	4	5	5	5	5	5	5	5
4	3	3	3	4	4	4	4	3	3	4	4	4	5	5	5	5	5	5
5	4	3	3	3	3	4	4	4	4	4	5	5	5	5	5	5	5	5
5	5	4	4	3	3	3	3	3	4	5	5	4	4	5	5	5	5	5
5	4	2	2	4	4	4	4	4	4	4	4	3	3	4	5	5	5	5
4	2	2	2	2	4	6	4	2	2	4	4	3	3	4	5	5	5	5
4	2	2	2	2	4	4	6	4	2	2	4	4	3	4	5	5	5	5
2	2	4	4		2	4	6	4	2	2	2	4	4	5	4	4	4	4
2	4	3	3	3	4	4		6	4	4	4		4	4	4	7	7	4
4	3	3	3	3	3	4		6	6	6	6		6	4	7	7	7	7
4	3	3	3	3	3	4	6	6	6	6	6	6	6	4	7	7	7	7

Key:

2	Red
3	Tan
4	Black
5	Light Blue
6	Dark Blue
7	Brown

*Blank squares are white

Yoshi

Name: Date:

Princess Peach

7	8	8	3	3	3	3	3	3	3	3	3	3	3	3	3	8	7	7
7	8	3	3	3	3	3	3	3	3	3	3	3	3	3	3	8	7	7
7	7	8	3	3	3	3	3	3	8	8	3	3	8	8	3	3	8	7
7	8	3	3	3	3	3	3	8	8	4	8	8	4	8	3	3	8	7
7	7	8	3	3	8	8	8	4	4	8	4	4	8	4	8	8	7	7
7	7	8	3	3	8	4	8	4	4	8	4	4	8	4	8	7	7	7
7	8	3	3	3	8	4	8	4	4	4	4	4	4	4	8	7	7	7
8	3	3	3	3	3	7	4	4	4	4	4	4	4	4	8	7	7	7
8	3	3	3	3	3	3	8	4	4	4	6	6	4	8	8	8	7	7
7	8	3	3	3	3	3	8	8	4	4	4	4	8	8	3	8	7	7
8	3	3	3	8	8	8	8	8	8	8	6	6	8	8	8	7	7	7
8	3	3	8	5	5	5	5	5	5	5	5	5	5	5	5	8	7	7
8	3	3	8	5	5	5	5	6	5	5	3	5	8	5	5	8	7	7
7	8	3	3	8	8	8	8	8	5	3	7	3	5	8	8	8	7	7
7	7	8	3	3	8	4	4	8	5	3	7	3	5	8	4	8	7	7
7	8	3	3	3	8	4	4	8	5	5	3	5	8		8	8	7	7
7	7	8	8	8	8	4	8		8	5	5	5	8			8	7	7
7	7	7	7	8	6	8				8	8	5	8		8	8	7	7
7	7	7	7	8	6	6	8	8				8			8	7	7	7
7	7	7	8	6	6	6	6	8	8			8		8	8	7	7	7

Key:

3	Yellow
4	Tan
5	Pink
6	Hot Pink
7	Blue
8	Black

*Blank squares are white

Find 2 Identical Pictures

A
B
C

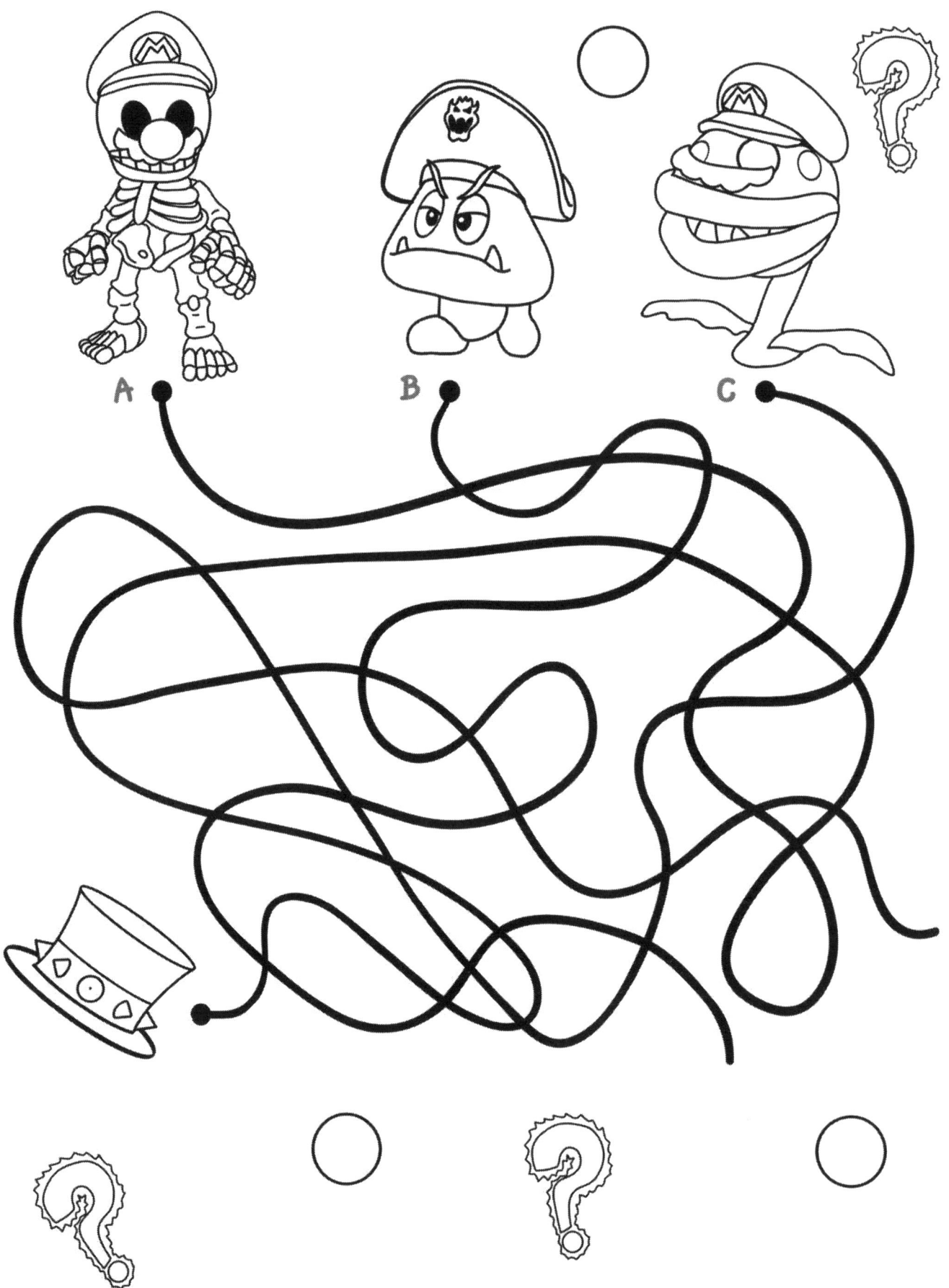

Name: Date:

Yoshi

9	9	9	9	9	9	9	8	8	9	8	8	9	9	9	9	9	9	9
9	9	9	9	9	9	8	6	6	8	6	6	8	9	9	9	9	9	9
9	9	9	9	9	8	7	6						8	9	9	9	9	9
9	9	8	8	8	8	7			8		8		8	9	9	9	9	9
9	8	5	5	5	8				8		8		8	9	9	9	9	9
9	8	5	5	8	8								8	8	8	9	9	9
9	8	8	8	6	6	8				8		8	6	6	6	8	9	9
8	5	8	6	6	6	6	8	8	8	6	8	6	6			6	8	9
5	5	8	6	6	6				6	6	6	6	6	8	6	8	6	8
5	5	8	7	6					6	6	6	6	6	6	6	6	6	8
8	8	8	7	6					8	6	6	6	6	6	6	6	6	8
9	8	8	7	7					8	7	6	6	6	6	6	6	6	8
9	8	5	8	7	7			8	8	7	7	6	6	6	6	6	6	8
9	9	8	8	8	7	7			8	7	7	7	7	6	6	6	8	9
9	9	8	5	8	7	6				8	7	7	7	7	8	8	9	9
8	8	8	8	7	6	6			8	8	8	8	8	8	9	9	9	9
5	8	8	8	7	6				8	8	8	9	9	9	9	9	9	9
8	8	8	6	6	6	6			8		6	8	9	9	9	9	9	9
8	7	7	6	6	8				8	8		6	8	9	9	9	9	9
6	6	6	6	8					8	8	8	6	8	9	9	9	9	9

Key:

5	Red
6	Light Green
7	Dark Green
8	Black
9	Blue

*Blank squares are white

What Comes Next

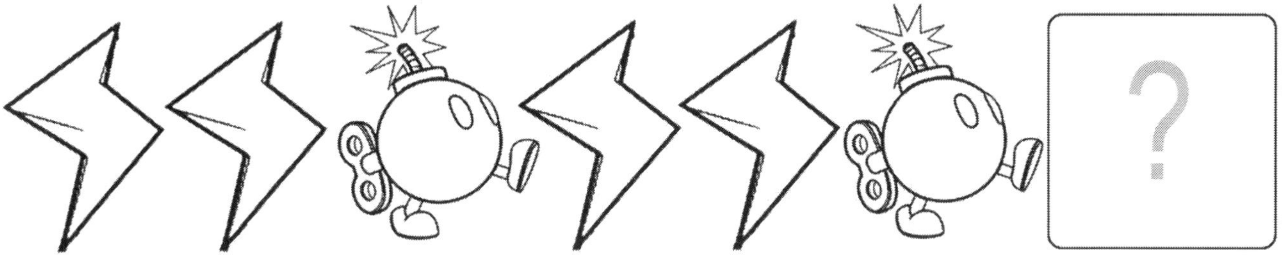

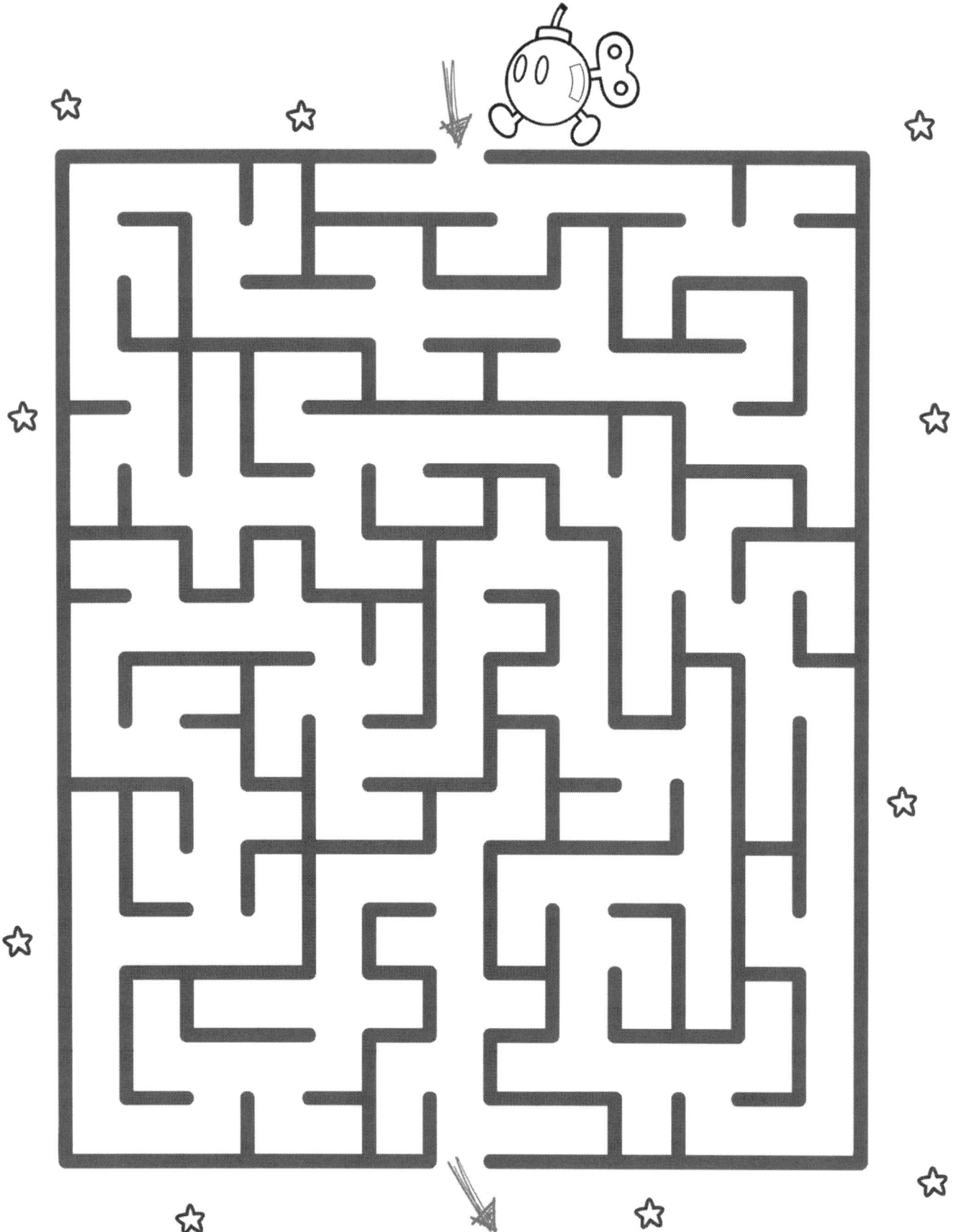

M

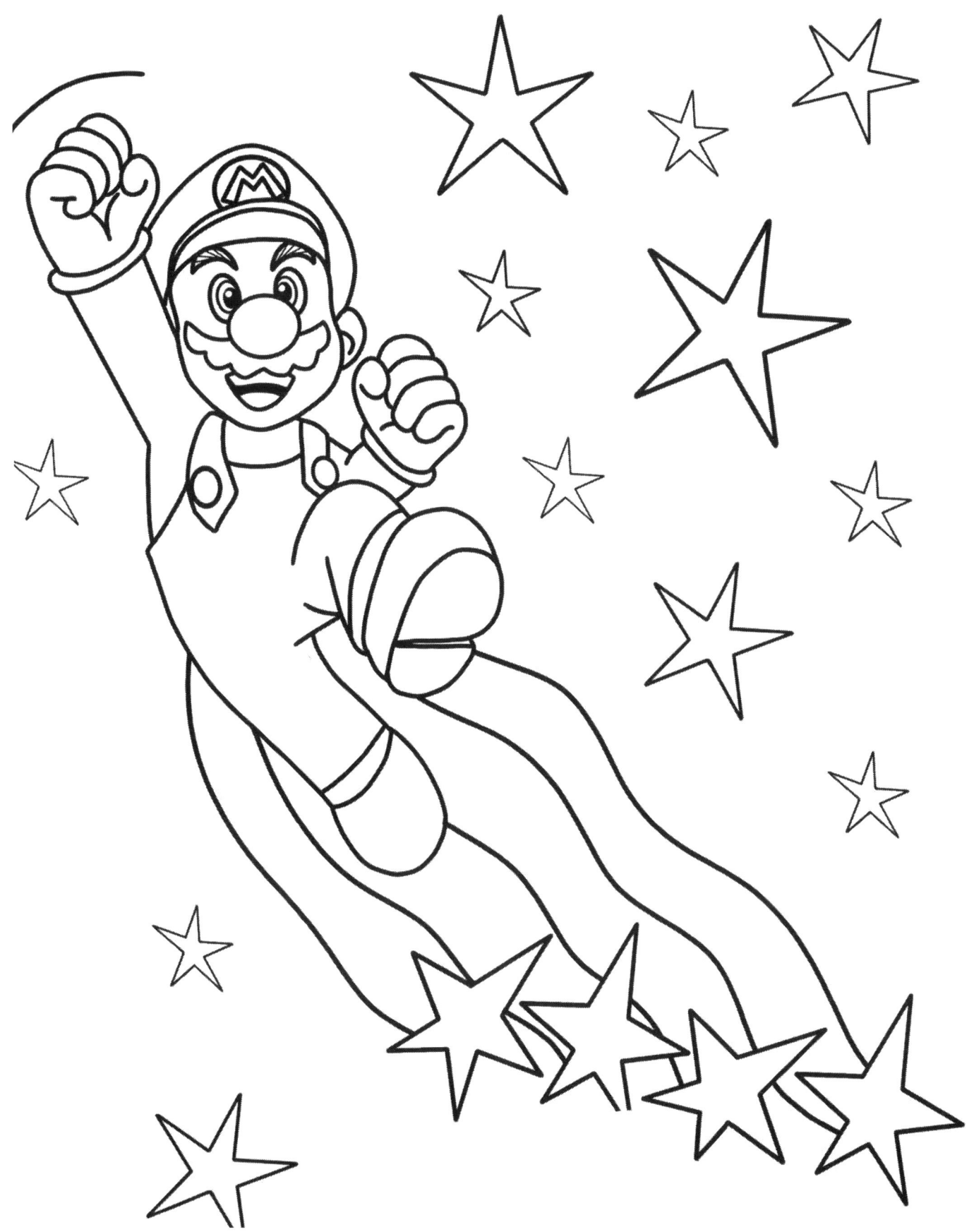

Name: Date:

Wario

5	5	5	5	5	4	4	4	4	4	4	4	4	4	5	5	5	5	5
5	5	5	5	4	4	4	6		6		6	4	4	4	5	5	5	5
5	5	5	4	4	4		6		6		6		4	4	4	5	5	5
5	5	4	4	4	4			6		6			4	4	4	4	5	5
5	5	4	1	1	1	1	1	1	1	1	1	1	1	1	1	4	5	5
5	5	1	1	1	1	1	1	1	1	1	1	1	1	1	1	1	5	5
5	3	6	3	3	6	6	3	3	3	3	3	6	6	3	3	6	3	5
3	3	6	3				6	3	3	3	6				3	6	3	3
3	3	6	3		6		3	3	3	3	3		6		3	6	3	3
3	3	3	3	3	3	3	3	3	2	3	3	3	3	3	3	3	3	3
5	3	3	6	3	6	3	2	2	2	2	2	3	6	3	6	3	3	5
5	6	6	6	6	6	2	2	2	2	2	2	2	6	6	6	6	6	5
5	5	6	3	6	3	6	6	2	2	2	6	6	3	6	3	6	5	5
5	5	3	3												3	3	5	5
5	5	3	3												3	3	5	5
5	5	3	3	3										3	3	3	5	5
5	4	4	5	3	3	3	3	3	3	3	3	3	3	3	5	4	4	5
4	4	4	5	5	3	3	3	4	4	4	3	3	3	5	5	4	4	4
4	4	4	5	5	4	4	4	4	4	4	4	4	4	5	5	4	4	4
4	4	4	5		5	5	5	5	5	5	5	5	5		5	4	4	4

Key:

1	Orange
2	Pink
3	Tan
4	Yellow
5	Purple
6	Black

*Blank squares are white

64

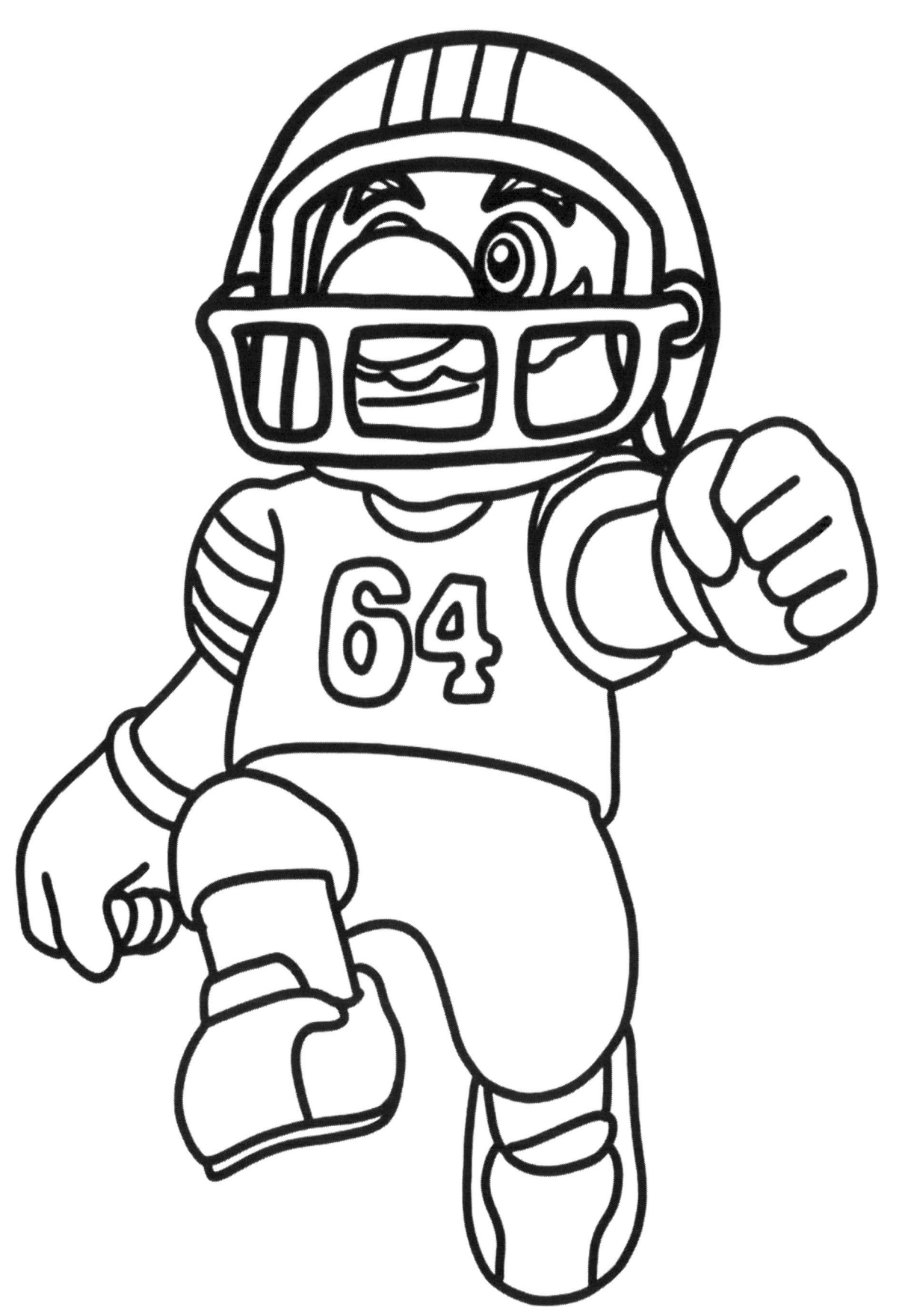

Mario

1
2
3

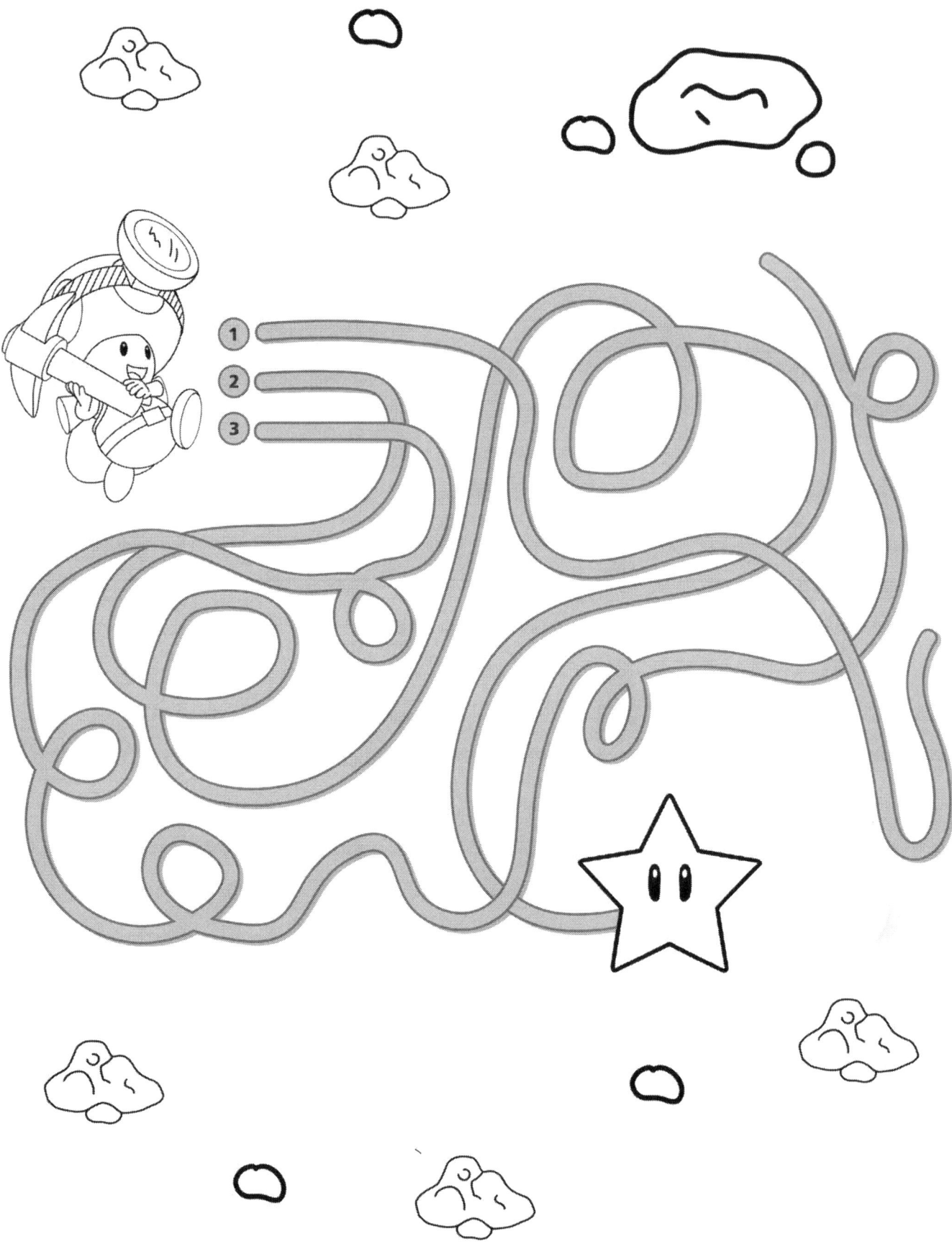

Name: Date:

Luma

7	7	7	7	7	7	7	7	7	7	7	7	7	7	7	7	7	7	7
7	7	7	7	7	7	7	7	7	7	7	7	7	7	7	7	7	7	7
7	7	7	7	7	7	7	7	7	6	6	5	5	7	7	7	7	7	7
7	7	7	7	7	7	7	7	6	5	5	5	7	7	7	7	7	7	7
7	7	7	7	7	7	7	7	6	5	5	5	7	7	7	7	7	7	7
7	7	7	7	7	7	7	6	5	5	5	5	5	7	7	7	7	7	7
7	7	7	7	7	7	6	5	5	5	5	5	5	7	7	7	7	7	7
7	7	7	7	7	6	5	5	5	5	5	5	5	5	7	7	7	7	7
7	7	7	7	7	6	5	4	5	5	5	5	4	5	5	7	7	7	7
7	6	7	7	6	5	4		4	5	5	4		4	5	7	7	5	7
7	6	7	7	6	6	4	4	4	5	5	4	4	4	5	5	5	5	7
7	7	6	5	6	6	4	4	4	5	5	4	4	4	5	5	5	6	7
7	7	7	6	6	6	6	4	5	5	5	5	4	5	5	5	6	7	7
7	7	7	7	6	6	6	5	5	5	5	5	5	5	5	5	7	7	7
7	7	7	7	6	6	6	6	5	5	5	5	5	5	5	5	7	7	7
7	7	7	7	6	6	6	6	6	6	5	5	5	5	5	5	7	7	7
7	7	7	7	7	6	6	6	6	6	6	6	5	5	5	5	7	7	7
7	7	7	7	7	7	6	6	6	6	6	6	6	6	6	7	7	7	7
7	7	7	7	7	7	6	5	5	7	7	7	6	5	5	7	7	7	7
7	7	7	7	7	7	7	6	7	7	7	7	7	6	7	7	7	7	7

Key:

4	Black
5	Yellow
6	Orange
7	Blue

*Blank squares are white

Princess Peach

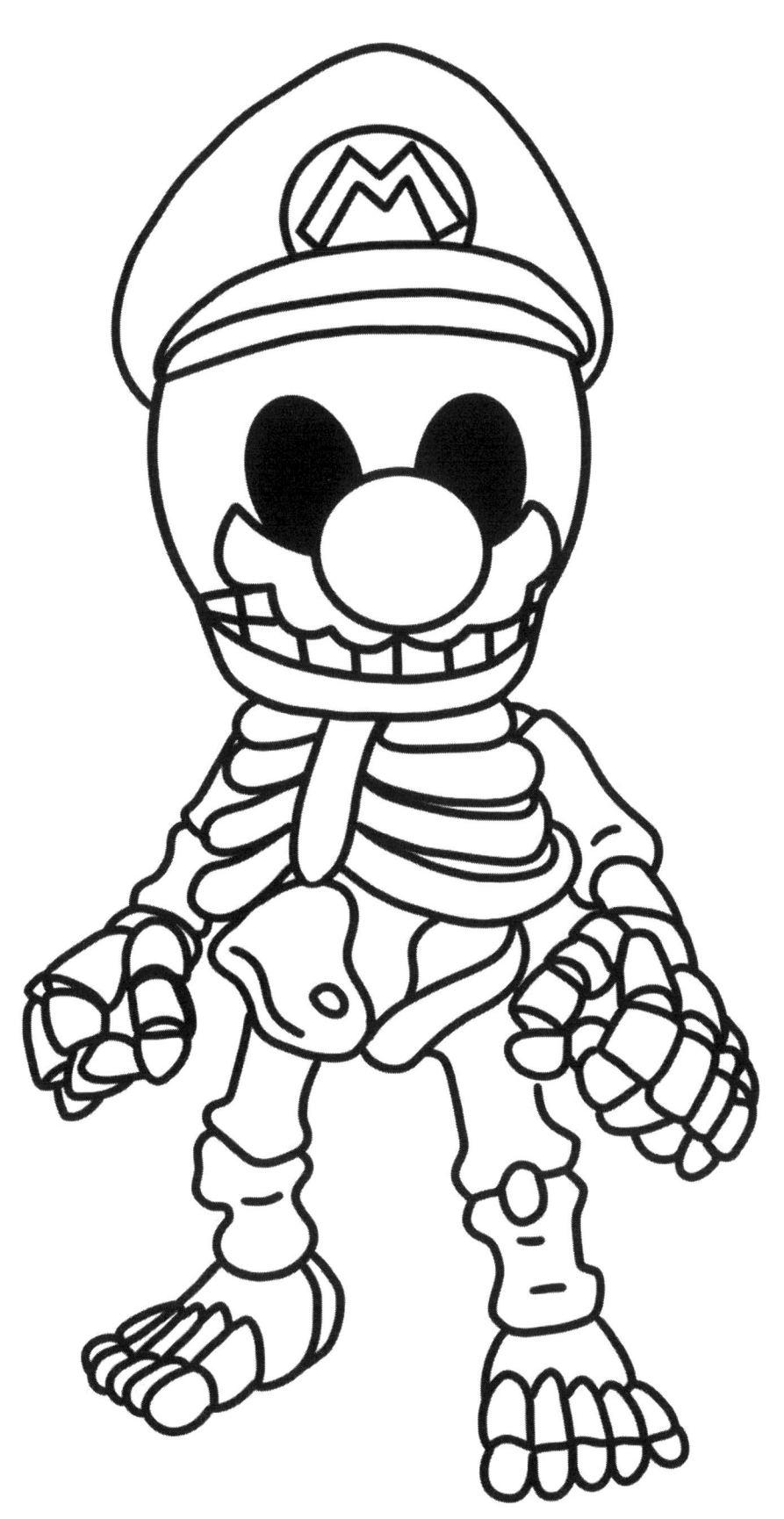

45
25
7

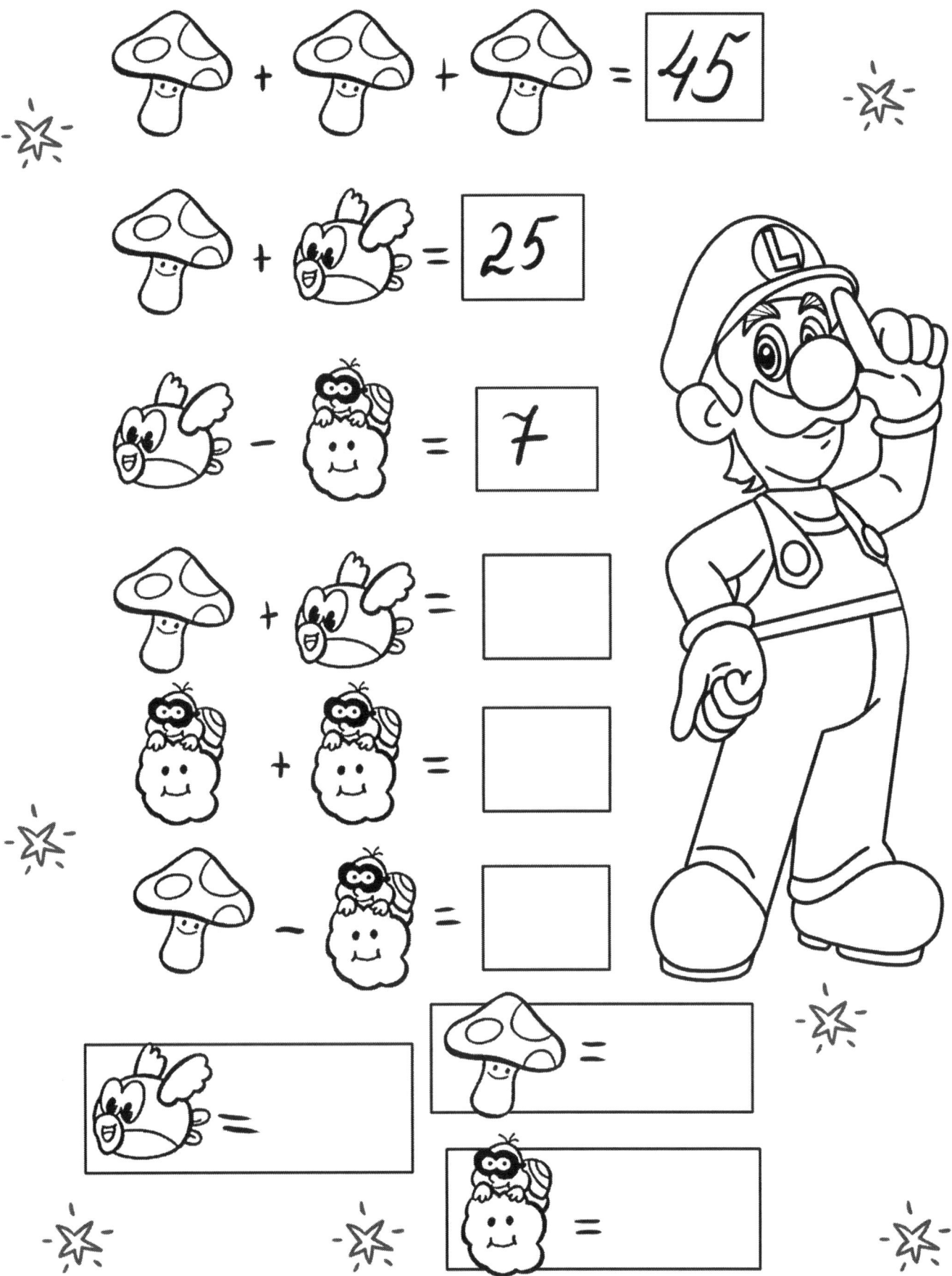

M

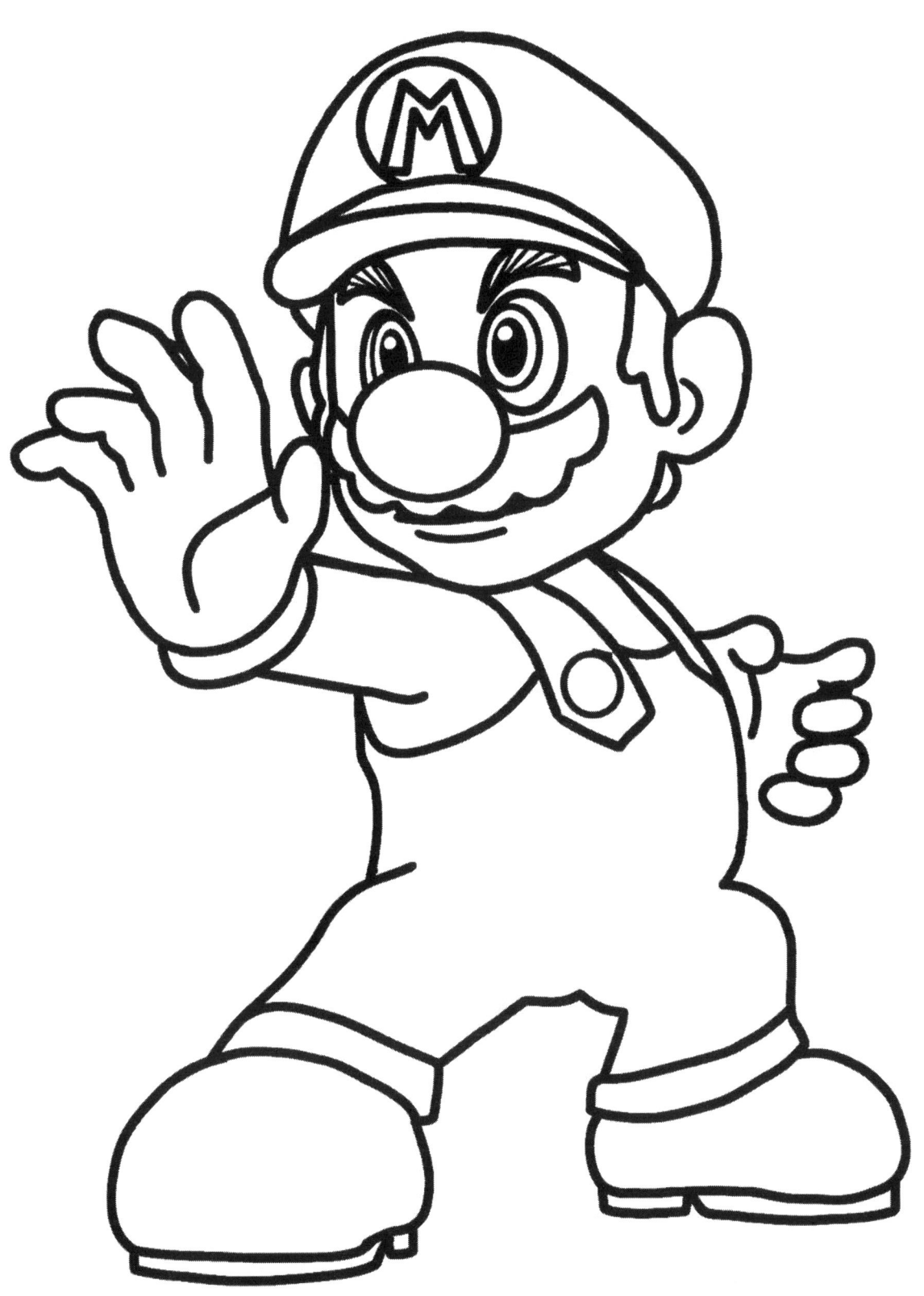

M

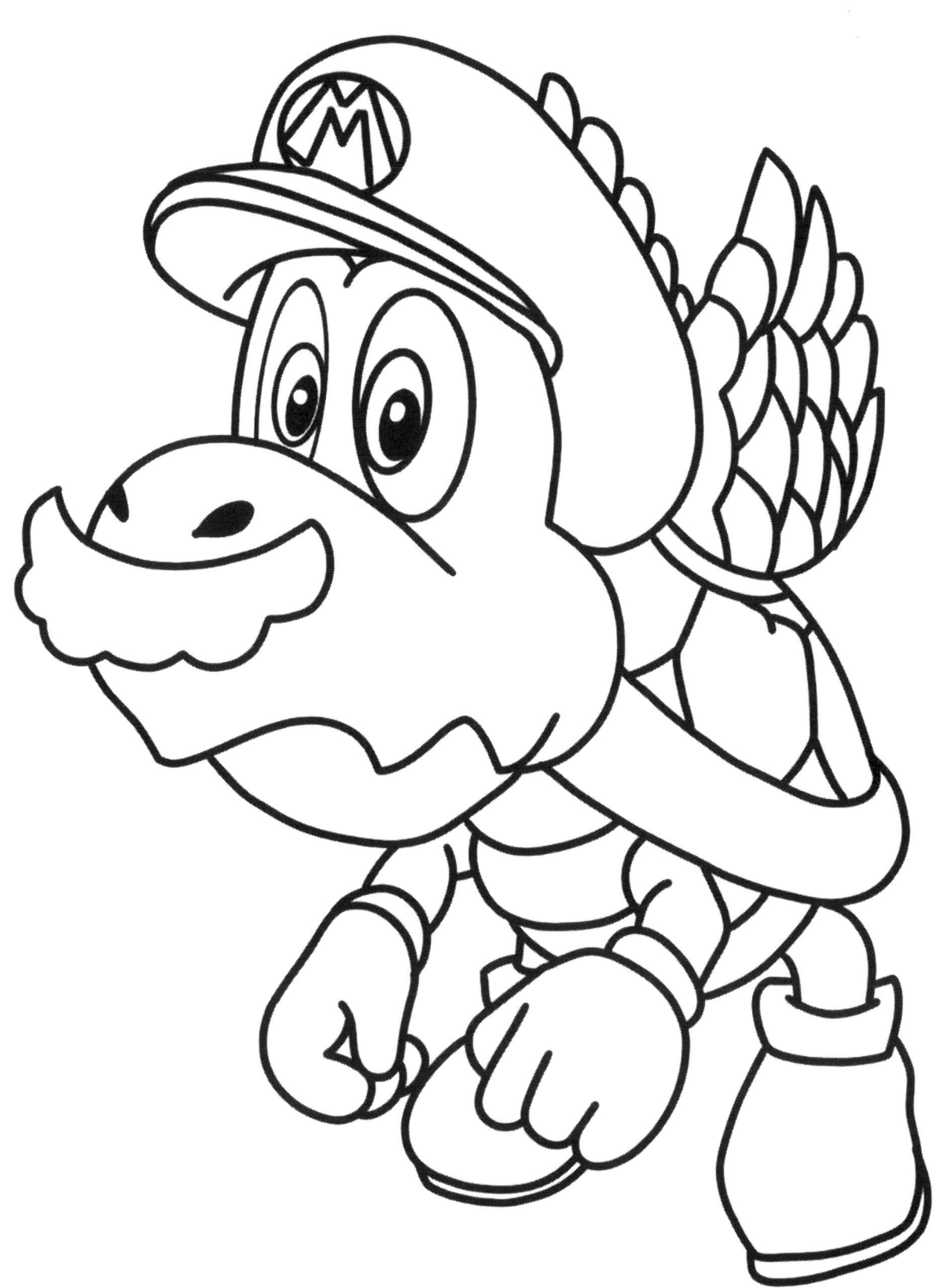

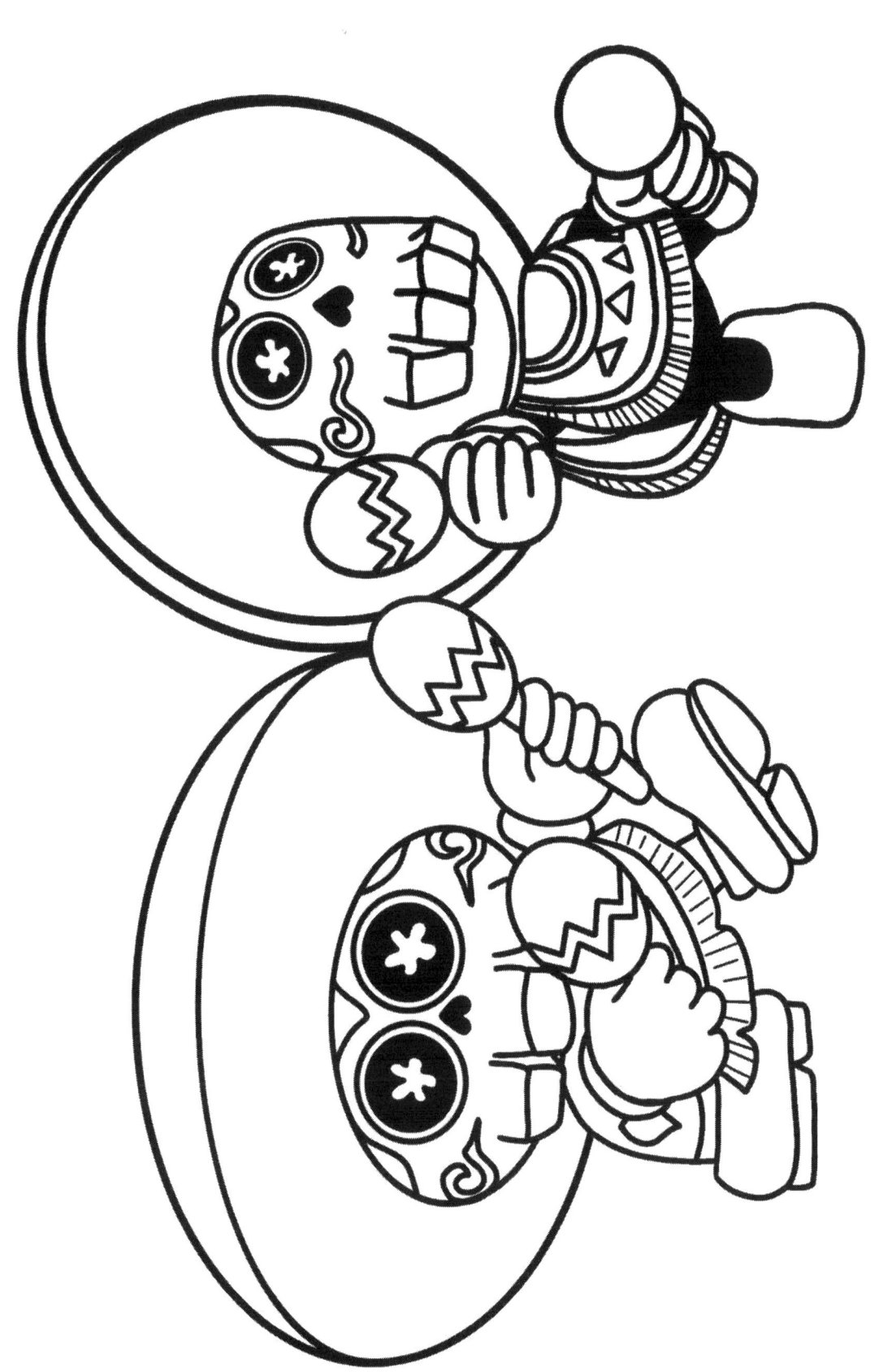

Toad

L

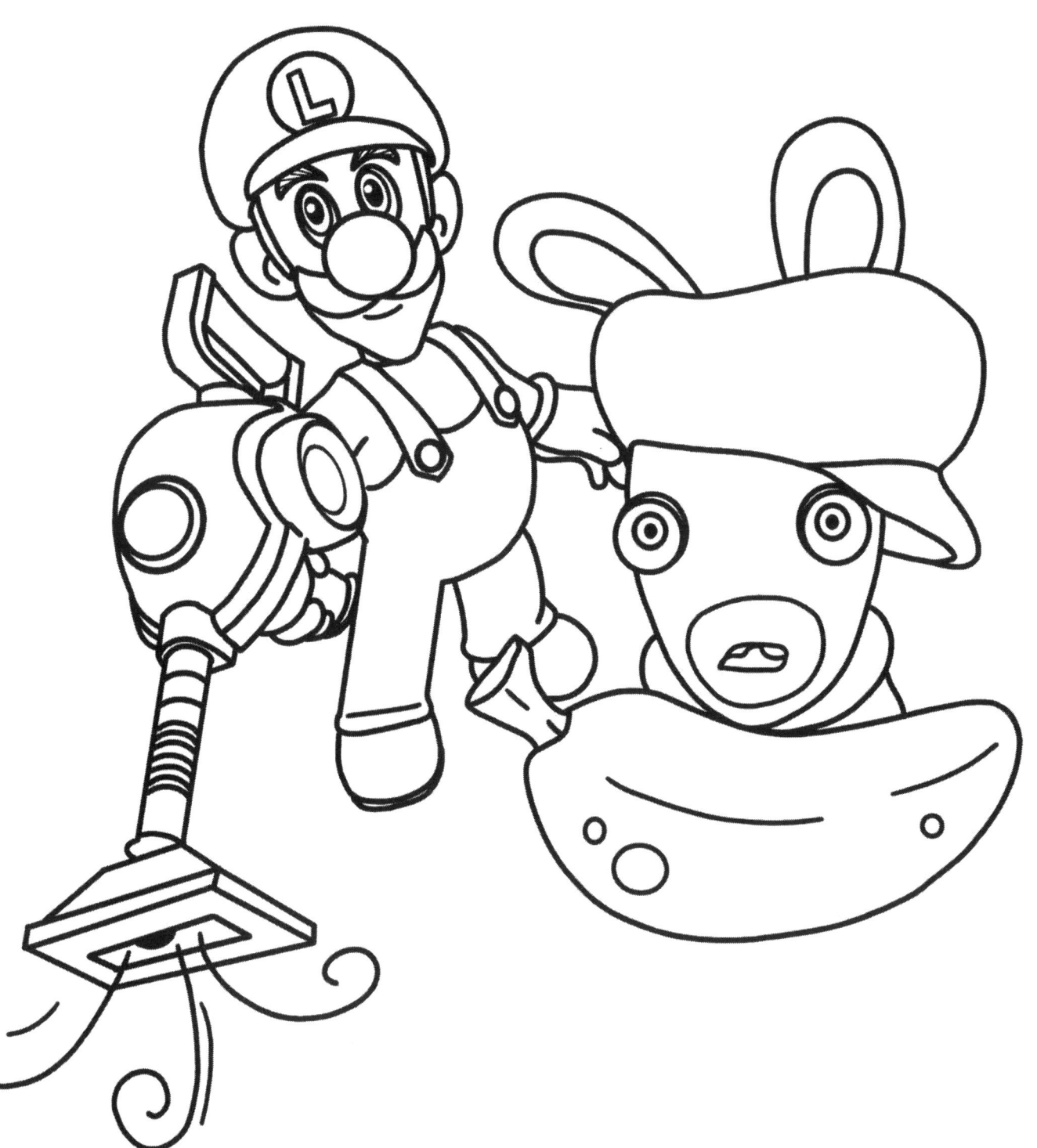

start

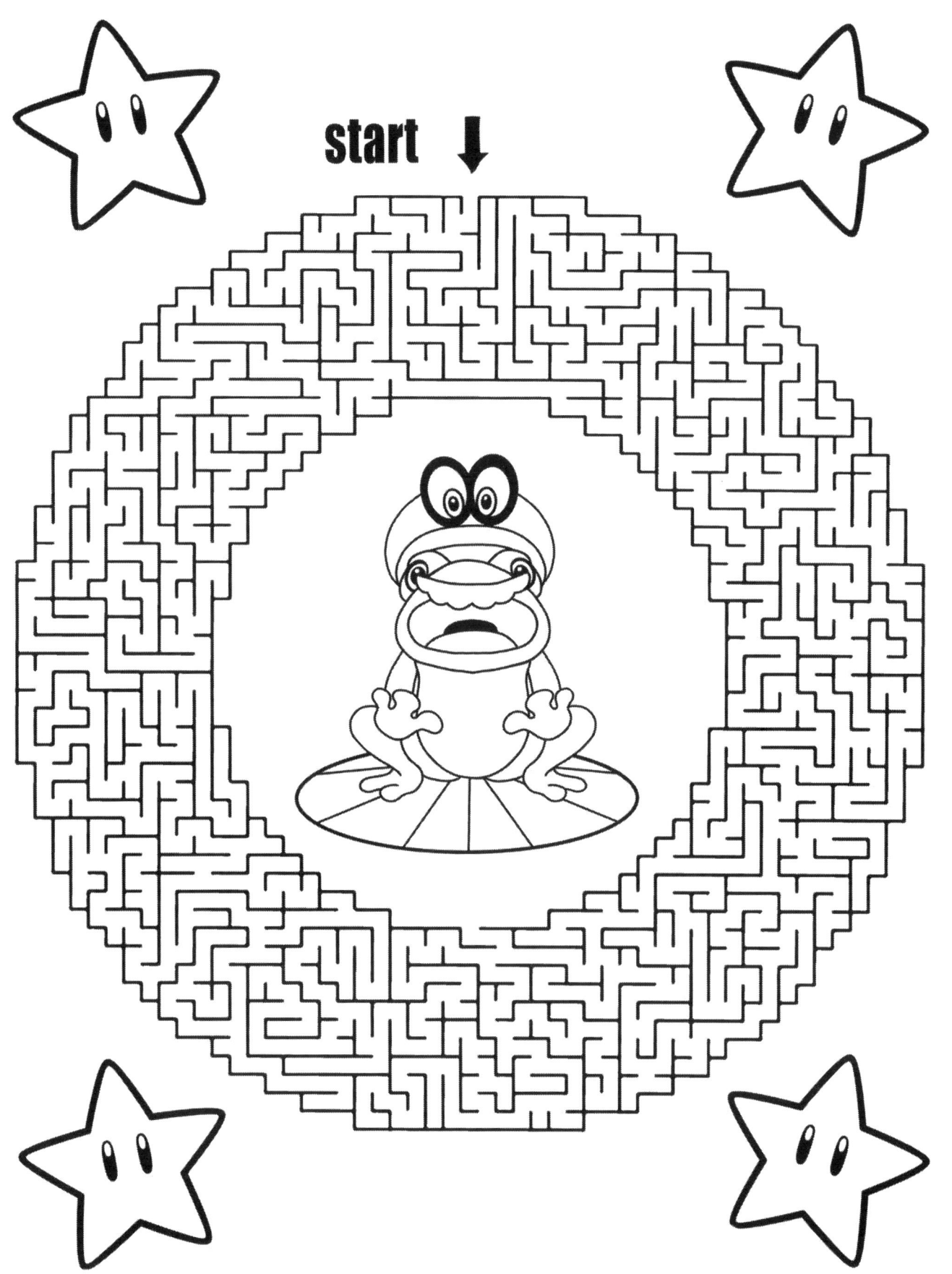

10060902R00063

Manufactured by
Amazon.ca
Bolton, ON